Impressum
Verlag: BABADADA GmbH, Nedderfeld 112 , 22529 Hamburg
Geschäftsführer / Verlagsleitung: Harald Hof
Druck: Books on Demand GmbH, In de Tarpen 42, 22848 Norderstedt

Imprint
Publisher: BABADADA GmbH, Nedderfeld 112 , 22529 Hamburg, Germany
Managing Director / Publishing direction: Harald Hof
Print: Books on Demand GmbH, In de Tarpen 42, 22848 Norderstedt

dibistan

shule

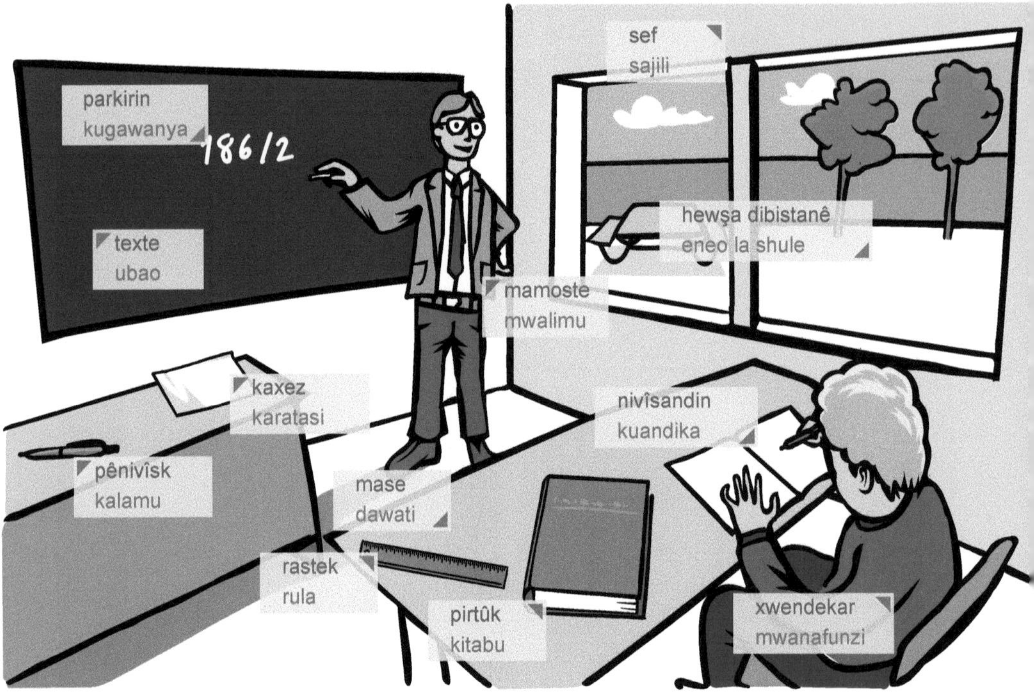
sef
sajili
parkirin
kugawanya
186/2
texte
ubao
hewşa dibistanê
eneo la shule
mamoste
mwalimu
kaxez
karatasi
nivîsandin
kuandika
pênivîsk
kalamu
mase
dawati
rastek
rula
pirtûk
kitabu
xwendekar
mwanafunzi

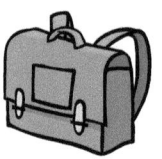

çewal

mkoba

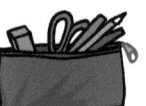

qûtî nivîstok

kikasha cha penseli

qelemrisas

penseli

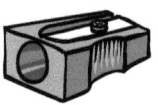

nivîstok tûjkir

kichonga penseli

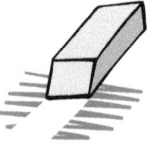

jêbir

mpira

nivîska nîgarê

pedi ya kuchora

nîgar

uchoraji

firçeya rengê

brashi ya rangi

qûtî reng

sanduku la rangi

meqes

mkasi

lezaq

gundi

pirtûka fêrbûn

daftari

wezîfa malê

kazi ya nyumbani

hejmar

nambari

2+2

zêdekirin

jumlisha

5-2

derxistin

ondoa

2×2

zêdekirin

zidisha

hesibandin

kokotoa

A

tîp

barua

ABCDEFG
HIJKLMN
OPQRSTU
VWXYZ

alfabe

alfabeti

peyv

neno

nivîsê

maandishi

xwandin

kusoma

geç

chaki

ders

somo

qeydkirin

sajili

îmtîhan

uchunguzi

şehade

cheti

kinca dibistanê

sare za shule

perwerdehî

elimu

zanistname

elezo

zanîngeh

chuo kikuu

mîkroskûp

darubini

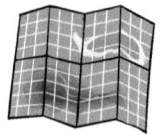

xerîte

ramani

sepeta kaxezê

kikapu cha kuweka karatasi chafu

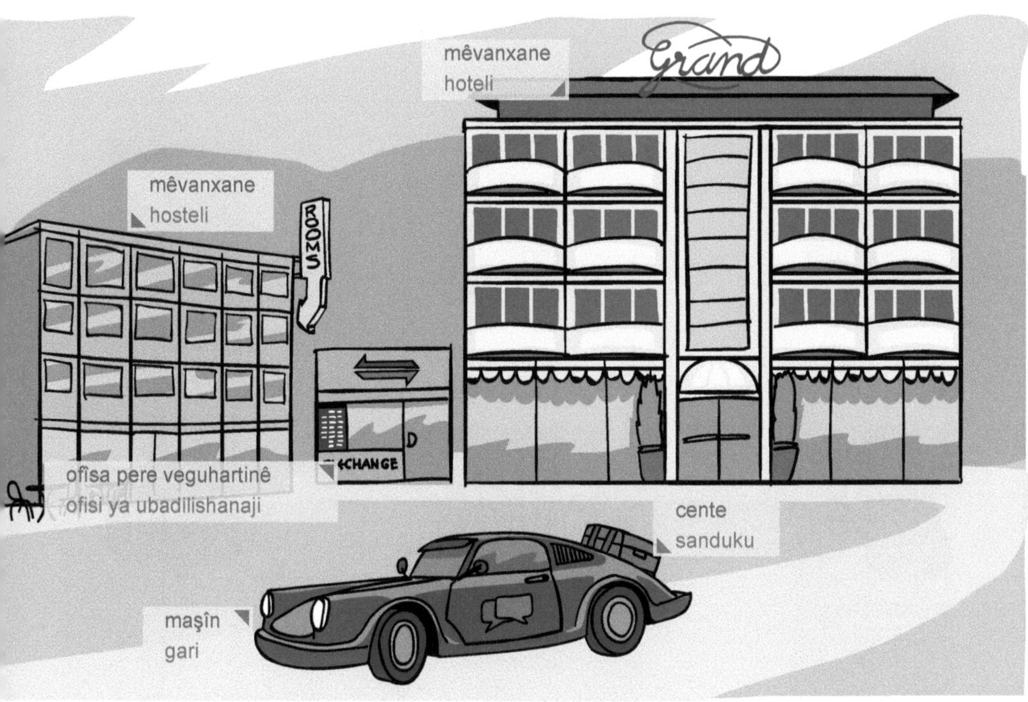

mêvanxane
hoteli
Grand
mêvanxane
hosteli
ROOMS
EXCHANGE
ofîsa pere veguhartinê
ofisi ya ubadilishanaji
cente
sanduku
maşîn
gari

ziman
lugha

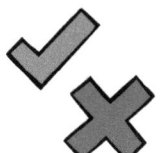

belê / na
ndiyo / la

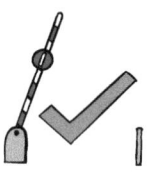

baş
sawa

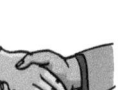

silav
hujambo

wergêra nivîskî
mtafsiri

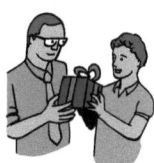

sipas
Asante

bihayê ... çi qase?

kiasi gani ni ...?

ez fam nakim

Sielewi

pirsgirêk

tatizo

êvarbaş!

Jioni njema!

beyanî baş!

Habari za asubuhi!

şev baş!

Usiku mwema!

xatirê te

kwa heri

alî

mwelekeo

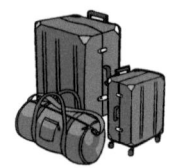

hûrmûr

mizigo

çente

mfuko

çente pişt

shanta

mêvan

mgeni

ode

chumba

came xew

begi la kulalia

çadir

hema

agagiyên gerokan

taarifa ya utalii

rexê avê

ufuo

kartê qerzê

kadi

taştê

kifunguakinywa

firavîn

chakula cha mchana

şîv

chakula cha jioni

kart

tiketi

asansor

kuinua

pûl

muhuri

tixûb

mpaka

gumirk

mila

balyozxane

ubalozi

vîza

visa

pasaport

pasipoti

guhaztin
usafiri

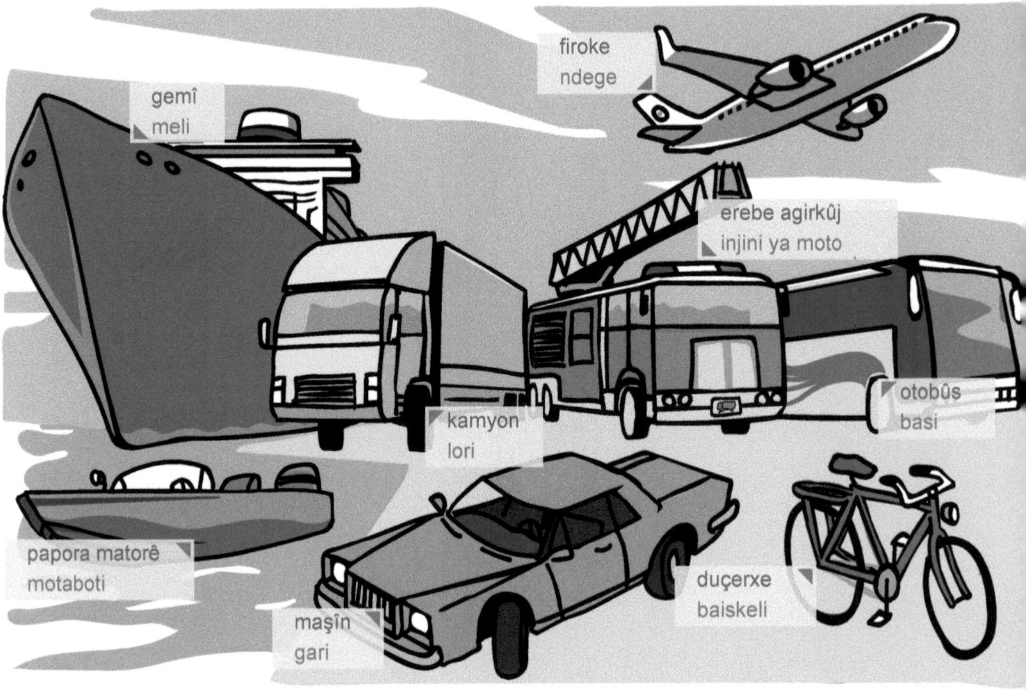

firoke
ndege
gemî
meli
erebe agirkûj
injini ya moto
otobûs
basi
kamyon
lori
papora matorê
motaboti
duçerxe
baiskeli
maşîn
gari

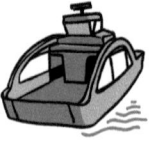

papor

feri

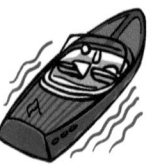

papor

mashua

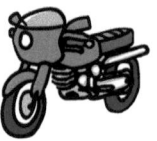

motorsîklêt

pikipiki

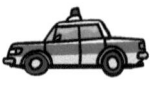

trimbêla polîsê

gari la polisi

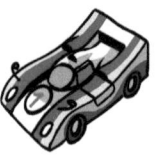

trimbêla pêşbaziyê

gari la mashindano

erebe kirêkirinê

gari la kukodisha

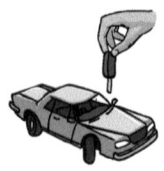

maşîn pervekirin

kushiriki gari

kamyona kişandinê

lori la kuvuta

kamyona xwelî

ukusanyaji taka

motorsîklêt

motor

mazot

mafuta

îstegeha benzînê

kituo cha mafuta

tabloya tirafîkê

ishara trafiki

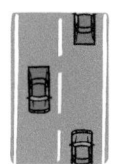

hatinûçûn

trafiki

tirafîk

msongamano

cihê parkê

maegesho

rawesteka trênê

kituo cha treni

rêç

reli

trên

garimoshi

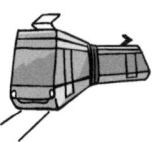

trênê kolanê

tremu

erebe

gari la mizigo

babirok

helikopta

balafirgeh

uwanja wa ndege

birc

mnara

misafir

abiria

qûtî

chombo

qûtî

katoni

girgirok

mkokoteni

selik

kikapu

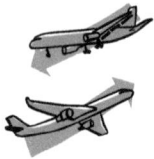

rabûn / nîştin

ondoka

bajar

jiji

gund

kijiji

navenda bajarê

katikati ya jiji

xanî

nyumba

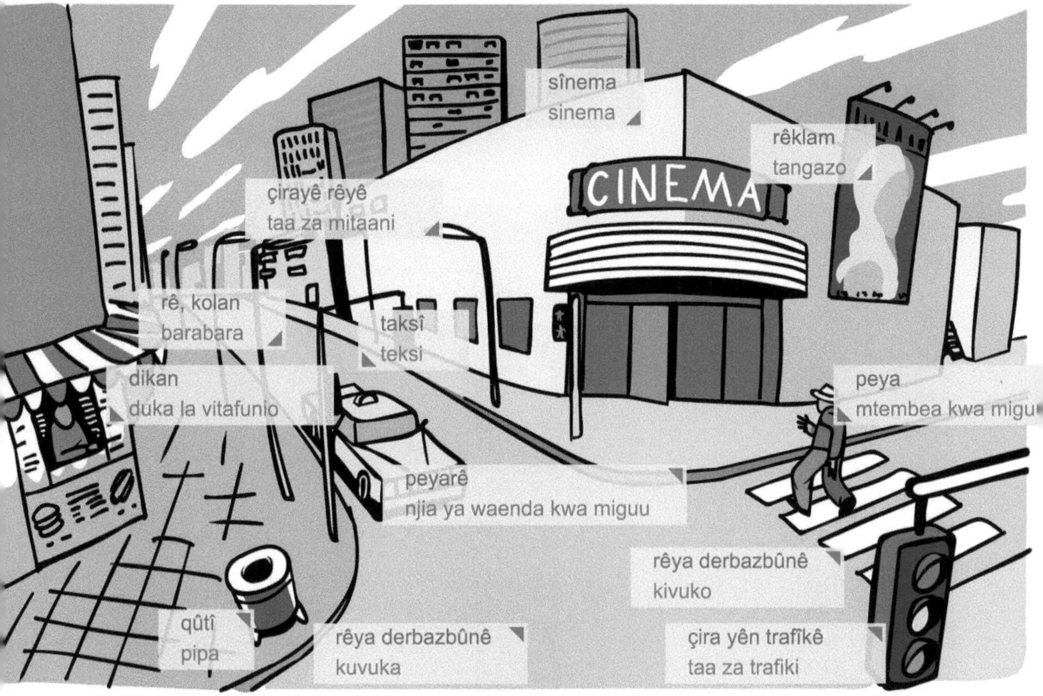

sînema
sinema
rêklam
tangazo
CINEMA
çirayê rêyê
taa za mitaani
rê, kolan
barabara
taksî
teksi
dikan
duka la vitafunio
peya
mtembea kwa migu
peyarê
njia ya waenda kwa miguu
rêya derbazbûnê
kivuko
qûtî
pipa
rêya derbazbûnê
kuvuka
çira yên trafîkê
taa za trafiki

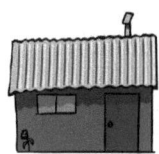

kox

kibanda

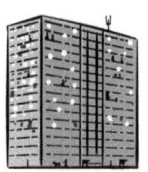

xanî

gorofa

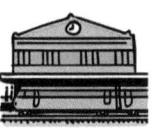

rawesteka trênê

kituo cha treni

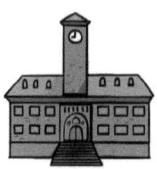

telara şarevanî

ukumbi wa mji

MUSEUM

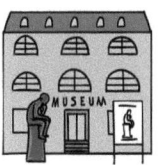

mûzexane

Makavazi

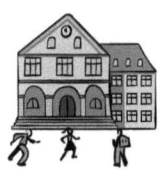

dibistan

shule

zanîngeh

chuo kikuu

bank

benki

nexweşxane

hospitali

mêvanxane

hoteli

dermanxane

duka la dawa

ofîs

ofisi

kitêbfiroşî

duka la kitabu

dikan

duka

gulfiroş

duka la maua

bazar

dukakuu

bazar

soko

supermarket

idara ya kuhifadhi

masîfiroş

mwuza samaki

navenda kirrîn

kituo cha ununuzi

bender

bandari

park
Hifadhi

sekû
benki

pir
daraja

derince
vidato

jêr erdê
chini ya ardhi

tunnel
handaki

îstgeha otobûs
kituo cha mabasi

bar
bar

xwaringeh
mgahawa

sindûqa postê
sanduku la posta

nîşanderka rêyê
ishara ya barabara

metra parkîngê
mita ya maegesho

baxça heywanan
bustani ya wanyama

hewza melevanî
kidimbwi cha kuogelea

mizgeft
msikiti

cotgeh	lewitandina derdor	goristan
shamba	uchafuzi	makaburini

kenîse	erdê leyistinê	perestgeh
kanisa	uwanja wa michezo	hekalu

tebîet

mazingira

gela
jani

nîşanderka rê
ishara ya mwelekeo

rê
njia

mêrg
malisho

kevir
jiwe

gerok
mtembeaji wa masafa

dar
mti

çem
mto

giya
nyasi

kulîlk
ua

dol
bonde

gir
kilima

gol
ziwa

daristan
msitu

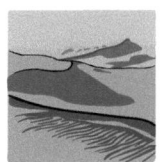

beyaban
jangwa

volkan
volkano

keleh
ngome

keskesor
upinde wa mvua

kivark
uyoga

darqesp
mtende

mixmixk
mbu

mêş
kuruka

mêrî
chungu

hing
nyuki

pîrê
buibui

kêzik

mende

beq

chura

sihor

kuchakuro

jîjok

nungunungu

kerguh

sungura

pepûk

bundi

çivîk

ndege

qû

swan

berazê kovî

nguruwe mwitu

pezkovî

kulungu

pezkovî

aina ya kongoni

bendav

bwawa

tûrbîna ba

tabo ya upepo

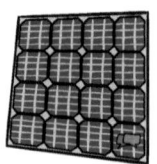

panela xorê

nishaji ya jua

av û hewa

hali ya hewa

tebîet - mazingira

xwaringeh
mgahawa

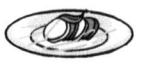

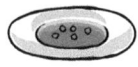

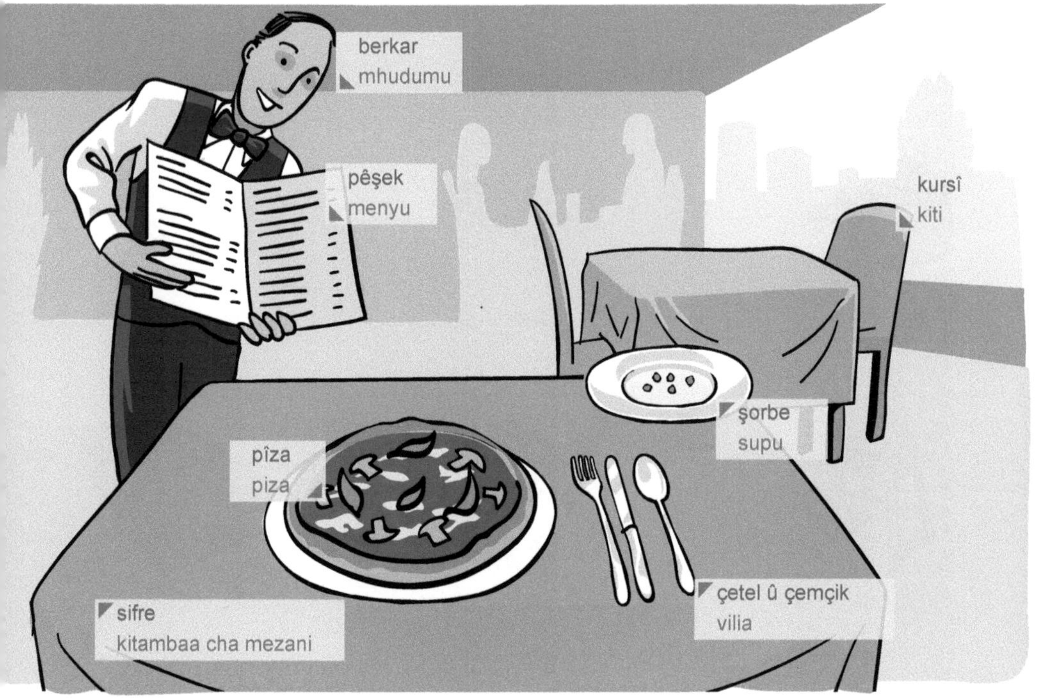
berkar
mhudumu
pêşek
menyu
kursî
kiti
şorbe
supu
pîza
piza
sifre
kitambaa cha mezani
çetel û çemçik
vilia

xwarina destpêk
kiamsha hamu

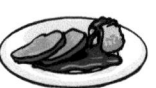

xwarina serekî
kozi kuu

şêranî
kitindamlo

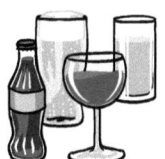

vexwarinan
vinywaji

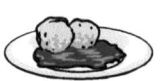

xwarin
chakula

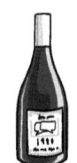

cam
chupa

xwarina lez

chakula cha haraka

xwarina rêyê

Streetfood

çaydanik

buli

qûtî şekirê

kisanduku cha sukari

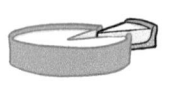

beş

sehemu

mekîna çêkirinê espresso

mashine ya espresso

kursiya bilînd

kiti kirefu

hesab

muswada

sênî

trei

kêr

kisu

çetel

uma

kevçî

kijiko

kevçiya çay

kijiko cha chai

pêşgir

nepi

qedeh

glasi

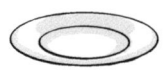

teyfik

sahani

teyfika şorbe

sahani ya supu

piyale

sufuria

çênc

mchuzi

xwêdank

kichanyaji chumvi

qûtî bîbar

kinu cha pilipili

sêk

siki

rûn

mafuta

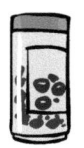

biharat

viungo

ketçap

kechapu

mustard

haradali

mayonêz

kachumbari nzito

bazar
dukakuu

pêşkêşên taybet
ofa maalum
FOR
mişterî
mteja
şîremenî
maziwa
fêkî
matunda
erebe
toroli

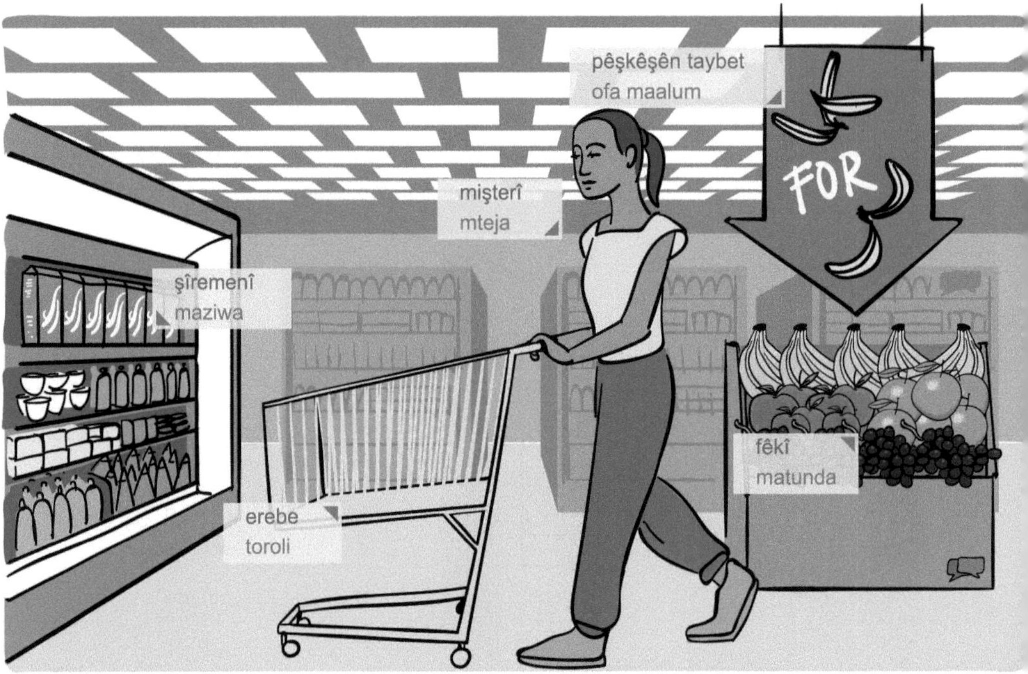

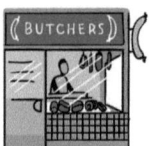

BUTCHERS

qesabî
mchinjaji

BAKERY

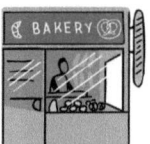

dikana nanpêj
mwokaji

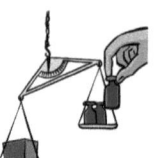

wezin kirin
uzito

sebze
mboga

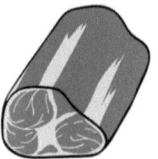

goşt
nyama

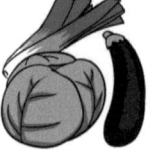

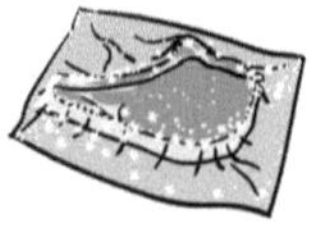

xwarinê cemedî
chakula waliohifadhiwa

goştê sar

vipande vya nyama baridi

xwarina pîlê

chakula cha kopo

xubarê paqijkirinê

sabuni ya unga

şirînî

pipi

berhemên navxweyî

bidhaa za kaya

berhemên paqijkirinê

bidhaa za kusafisha

firoşyar

mtu mauzo

xeznok

mpaka

diravgir

keshia

lîsta kirrînê

orodha ya manunuzi

demên vekirî

masaa ya ufunguzi

cizdan

mkoba

kartê qerzê

kadi

çewal

mfuko

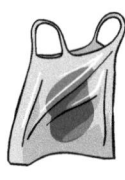

çente

mfuko wa plastiki

av

maji

şerbet

sharubati

şîr

maziwa

komir

coke

şerab

mvinyo

bîra

bia

alkol

pombe

kakwo

kakao

çay

chai

qehwe

kahawa

espresso

spreso

kapoçîno

kapuchino

moz
ndizi

sêv
tufaha

pirteqalî
machungwa

gundor
tikiti

lîmon
lemon

gêzer
karoti

sîr
kitunguu saumu

qamir
mianzi

pîvaz
kitunguu

qarçik
uyoga

gewîz
karanga

şihîre
nudo

spagêttî

spageti

birinc

mpunga

selete

saladi

çîps

vibanzi

peteteya biraştî

viazi vya kukaanga

pîza

piza

hamburger

hambaga

nanok

sandwichi

goştê stûyê berxî

kipande

goştê hişkkirî

paja la mnyama

salamê

salami

sosîs

soseji

mirîşk

kuku

bijartin

choma

masî

samaki

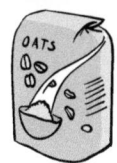

şorbe bilûl

oats ya uji

mûslî

muesli

kertên gilgilan

cornflakes

ard

unga

croissant

kroisanti

semûn

andazi

nan

mkate

tost

mkate wa kubanika

nanik

biskuti

nivîşk

siagi

mast

maziwa mgando

kulîçe

keki

hêk

yai

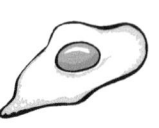

hêka qelandî

yai kukaanga

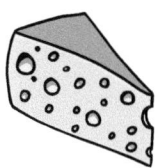

penîr

jibini

dondirme

aiskrimu

şekir

sukari

hingiv

asali

mireba

jemu

xameya nougat

kuenea kwa chokoleti

kurrî

mchuzi wa viungo

cotgeh
shamba

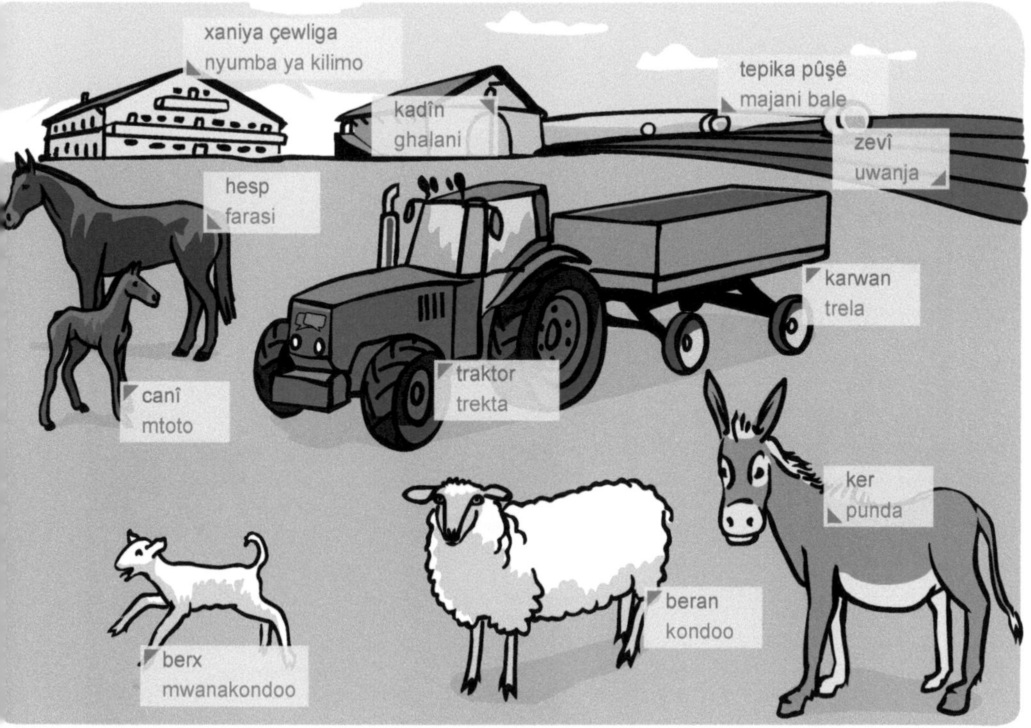

xaniya çewliga
nyumba ya kilimo
kadîn
ghalani
tepika pûşê
majani bale
zevî
uwanja
hesp
farasi
karwan
trela
traktor
trekta
canî
mtoto
ker
punda
beran
kondoo
berx
mwanakondoo

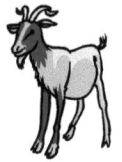

bizin

mbuzi

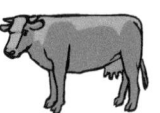

çêlek

ng'ombe

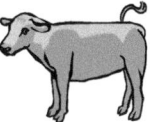

golik

ndama

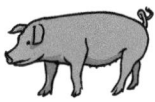

beraz

nguruwe

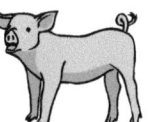

xinzîrk

mwananguruwe

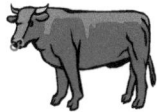

boxe

fahali

qaz

batabukini

miravî

bata

cûçik

kifaranga

mirîşk

kuku

keleşêr

jogoo

circ

panya

kitik

paka

mişk

panya

ga

ng'ombe

kûçik

mbwa

xaniya kûçikê

nyumba ya mbwa

xanî baxê

bomba la bustani

qûtîka avdanê

debe la kumwagilia maji

şalûk

fyekeo

gasin

kulima

das

mundu

merbêr

jembe

darsapik

uma wa nyasi

bivir

shoka

destgere

toroli

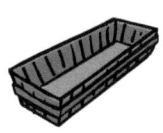

qûtî xwarina candaran

kupitia nyimbo

qûtî şîr

chombo cha maziwa

tûr

gunia

çeper

ua

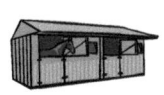

axur

imara

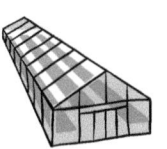

xana kulîlkan

chafu

ax

udongo

dendik

mbegu

peyn

mbolea

kombayn

kivunaji

zad

mavuno

zad

mavuno

petete

viazi vikuu

genim

ngano

fasolî

soya

petete

viazi

dexl

mahindi

dindik

rapa

darê fêkî

mti wa matunda

sêvê bin erdê

muhogo

zad

nafaka

xanî

nyumba

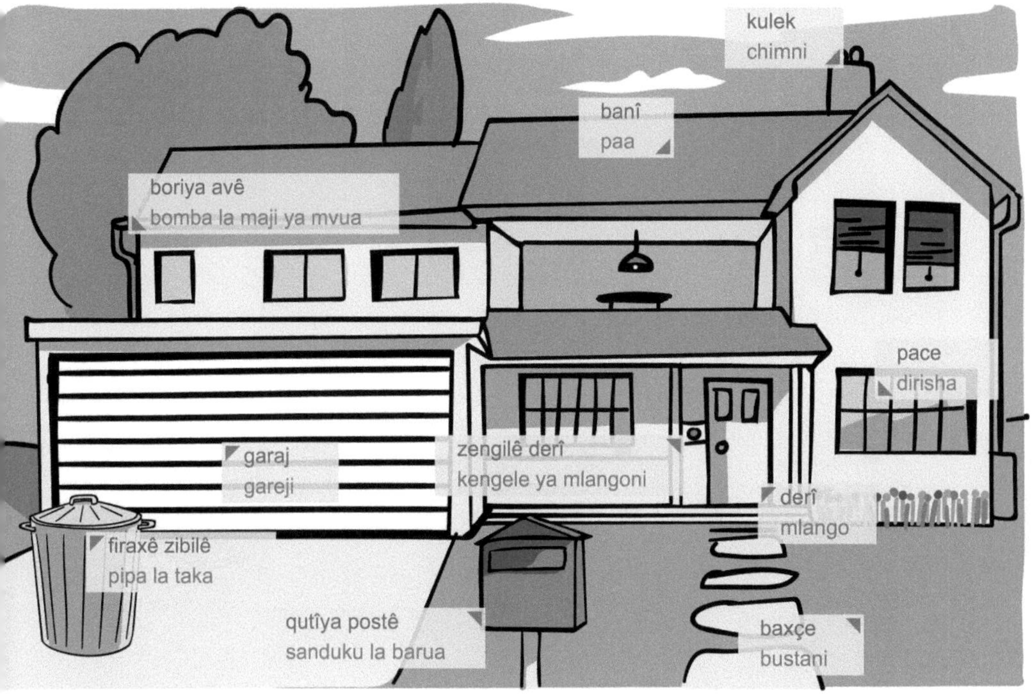
kulek
chimni
banî
paa
boriya avê
bomba la maji ya mvua
pace
dirisha
garaj
gareji
zengilê derî
kengele ya mlangoni
derî
mlango
firaxê zibilê
pipa la taka
qutîya postê
sanduku la barua
baxçe
bustani

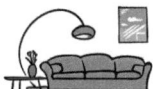

oda rûniştinê

sebuleni

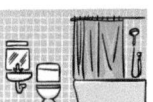

hemam

bafu

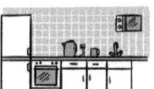

metbex

jikoni

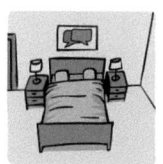

oda xewê

chumba cha kulala

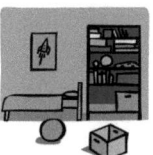

odeya zarok

chumba ya mtoto

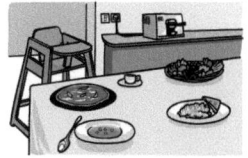

oda şîvê

chumba cha kulia

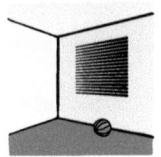

binî
....
sakafu

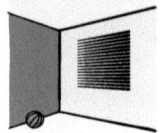

dîwar
....
ukuta

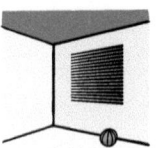

berban
....
dari

xenzik
....
pishi

sauna
....
sauna

balkon
....
roshani

berdanik
....
mtaro

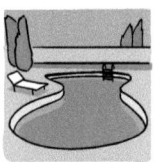

hewza melevanî
....
kidimbwi

çîmen birr
....
mashine ya kukata nyasi

melhefe
....
karatasi

betanî
....
kitambaa cha kupamba
kitanda

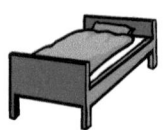

nivîn
....
kitanda

gezik
....
ufagio

satil
....
ndoo

kilîl
....
kubadili

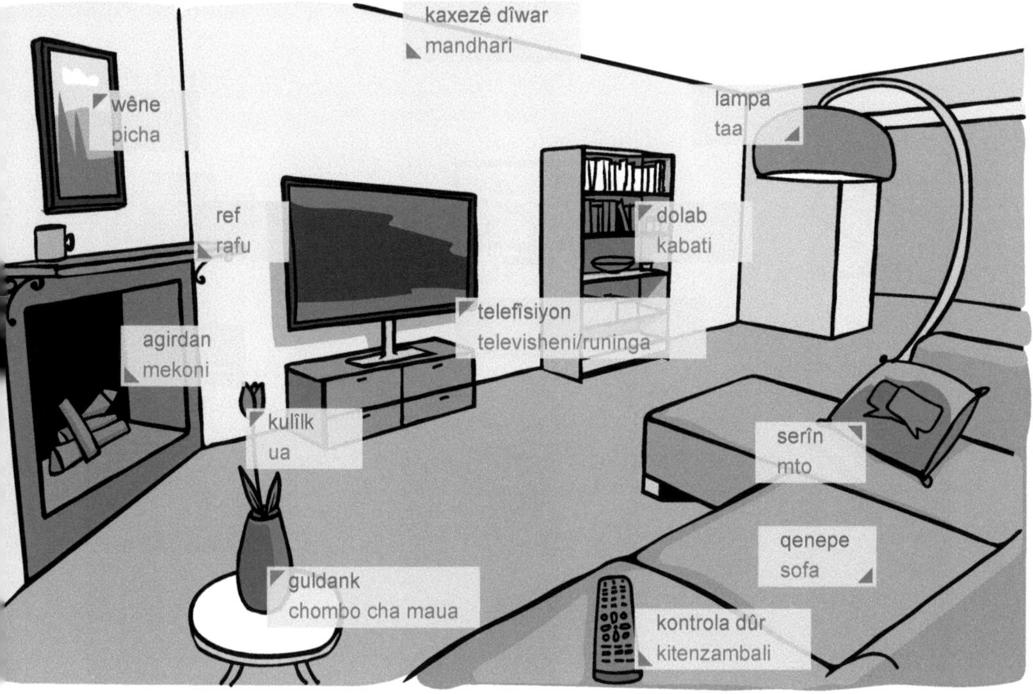

kaxezê dîwar
mandhari

wêne
picha

lampa
taa

ref
rafu

dolab
kabati

telefîsiyon
televisheni/runinga

agirdan
mekoni

kulîlk
ua

serîn
mto

qenepe
sofa

guldank
chombo cha maua

kontrola dûr
kitenzambali

xalîçe

zulia

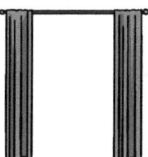

perde

pazia

mêz

meza

kursî

kiti

kursiya hejanok

kiti cha bembea

kursî

armchair

pirtûk

kitabu

betanî

blanketi

xemilandin

mapambo

êzing

kuni

fîlm

filamu

hi-fi

kifaa cha hi-fi

kilîl

ufunguo

rojname

gazeti

nîgar

uchoraji

poster

bango

radyo

redio

defter

daftari

sivnika elektrîkî

kifyonza

kaktûs

dungusi kakati

mom

mshumaa

metbex
jikoni

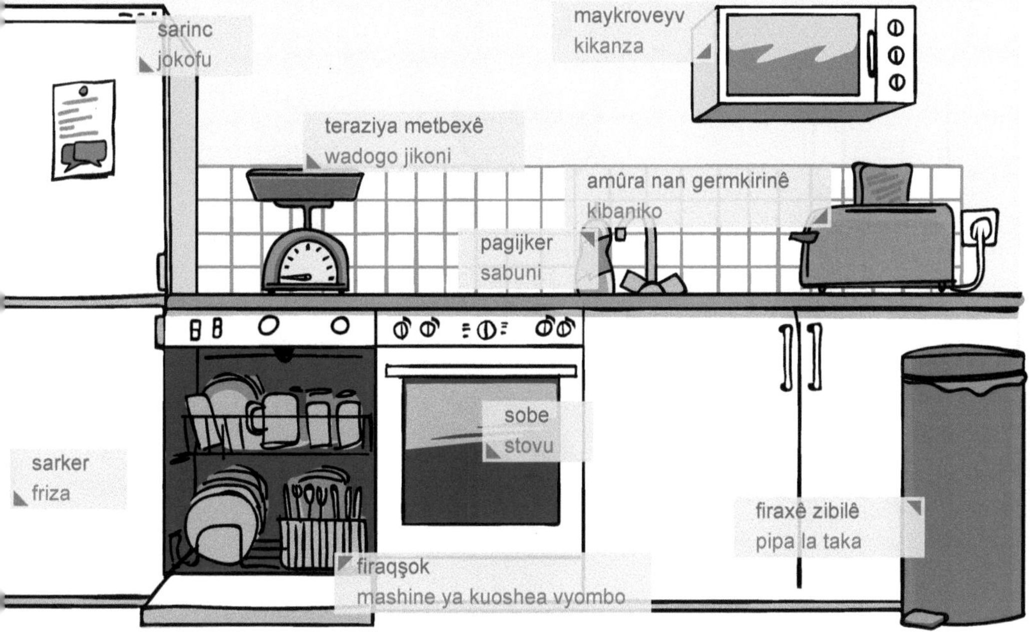

sarinc
jokofu
maykroveyv
kikanza
teraziya metbexê
wadogo jikoni
amûra nan germkirinê
kibaniko
pagijker
sabuni
sobe
stovu
sarker
friza
firaxê zibilê
pipa la taka
firaqşok
mashine ya kuoshea vyombo

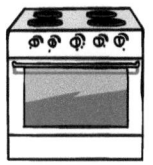

sobe

jiko la kupika

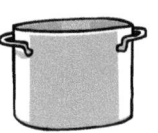

aman

chungu

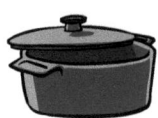

amaê ûtû

sufuria ya chuma

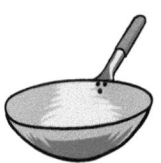

firaqê mezin

wok / kadai

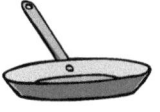

dîzik

kaango

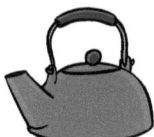

kelînk

birika

firaqê hilmê

stima

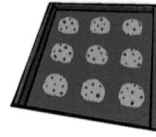

sênî nanê

sinia ya kuoka

firaq

vyombo vya udongo

piyale

kombe

kasik

bakuli

darê nanxwarin

vijiti vya kulia

hesk

ukawa

kevçiya mezin

mwiko mpana

rînek

burashi

kefgîr

kichujio

bêjing

chujio

rêşker

mbuzi

destar

chokaa

biraştin

barbeque

agirê vala

moto wazi

texteya birrînê

ubao wa majaribio

darikê tîrê

kijiti cha kusukuma unga

devik badek

kizibuo

qûtî

kopo

qûtîvekir

inaweza kopo

cawê amanan

kishikio cha chungu

destşo

karo

firçe

brashi

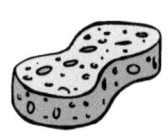

parazoa

sifongo

tevdêr

kisagaji matunda

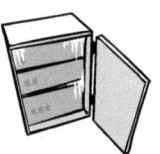

sarkerê cemedî

friji ya kina

şûşe bebikan

chupa ya mtoto

henefî

bomba

hemam

bafu

germijank
joto
dûş
mfereji wa kuogea
xawlî
taulo
perdeya hemamê
pazia la kuogea
kefê hemam
maji ya kuoga yenye povu
hewza hemam
hodhi
qedeh
glasi
cilşok
mashine ya kuosha
henefî
bomba
acûr
vigae
tiwaleta zarokan
poti
destşo
karo

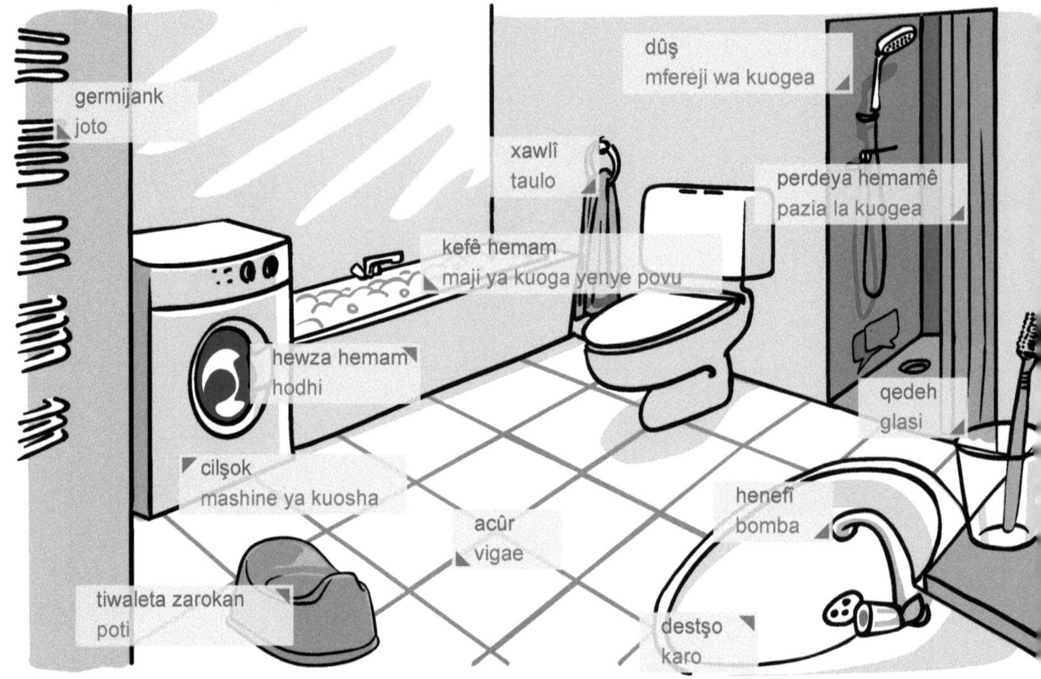

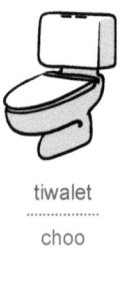

tiwalet

choo

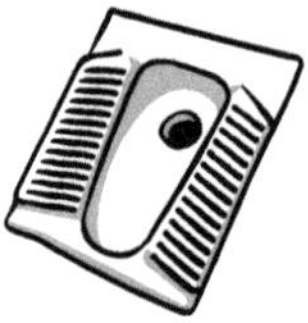

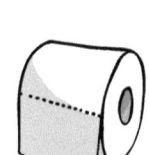

tiwaleta erdê

choo cha squat

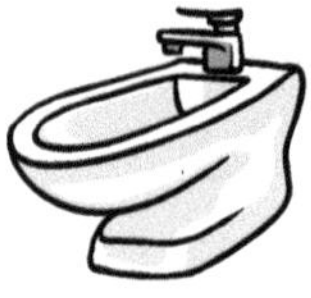

tiwalet

beseni la mviringo

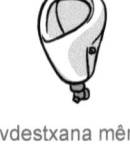

avdestxana mêran

choo cha umma

kaxeza tiwalet

shashi

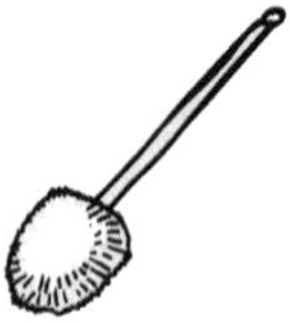

firşeya tiwalet

brashi ya choo

		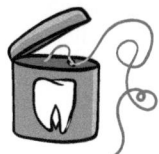
firçeya diran	mecûna diran	nexa didan
mswaki	dawa ya meno	dawa ya meno

şûştin	dûşê destê	dûş
safisha	kuoga mkono	msukumo wa maji

destşo	firça pişt	sabûn
bonde	mpako wa pili	sabuni

cêlê hemam	şampo	fanîle
jeli ya kuogea	shampuu	flana

zêrab	kirêm	bêhn xweşkir
toa maji	krimu	kiondoa harufu

mirêk

kioo

mirêka destê

kioo mkono

gûzan

kinyozi

kefê teraşînê

povu la kunyoa

mecûna piştî teraşînê

baada ya kunyoa

şeh

kichana

firçe

brashi

por hîşikkir

kikausha nywele

sipraya porê

marashi ya nyewele

kozmetîk

vipodozi

soravk

kidomwa

rengê nînok

varnish ya msumari

pembû

pamba

meqesta nînok

mkasi wa kucha

parfûm

manukato

çewalê hemamê

mkoba wa kuosha

kursiya bêpişt

kinyesi

terazî

mizani

kinca hemamê

nguo ya kuoga

lepika lastîkê

glavu za mpira

tampon

kisodo

xawliya paqijkirinê

sodo

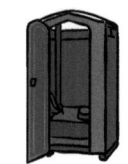

tiwaleta kîmîyewî

kemikali choo

odeya zarok

chumba ya mtoto

demjimêrk
saa ya kengele
lîstok
kidoli cha kupakata
maşîna lîstok
gari bandia
xişxişok
kelele
mala lîstok
chumba cha midoli
xelat
sasa

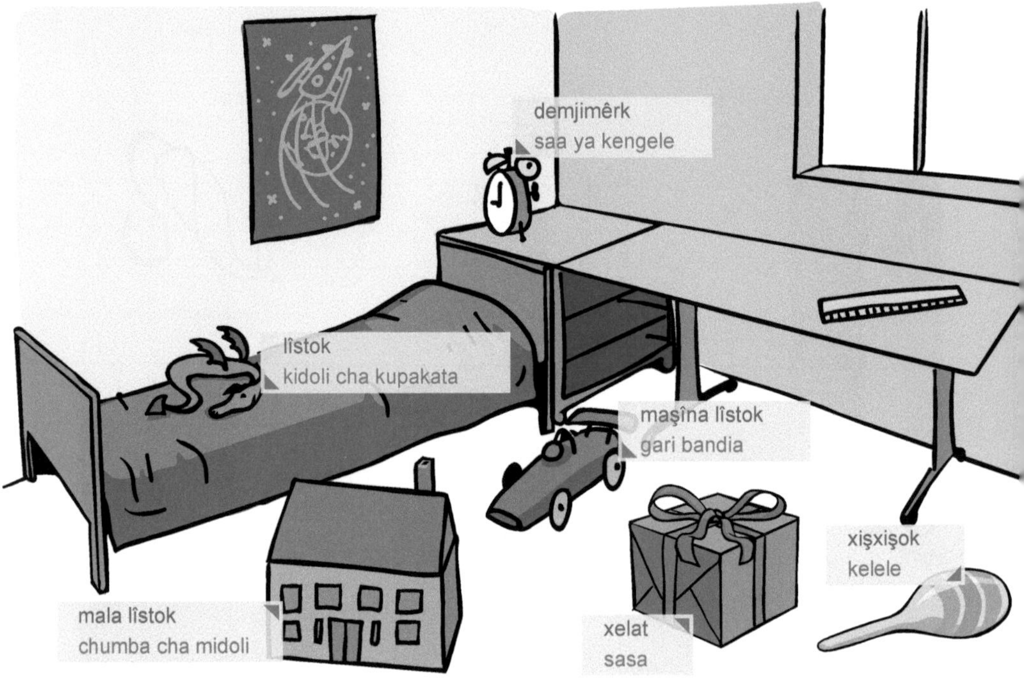

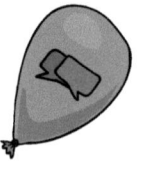

pifdank
baluni

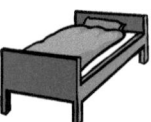

nivîn
kitanda

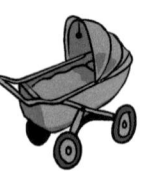

koçk
mashua

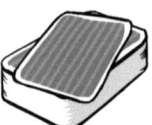

lîstika kartê
staha ya kadi

frîzbî
mchezo-fumb

SUPER
MEGA

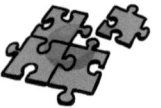

komîk
vichekesho

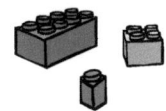

acûra lêgo

matofali lego

acûra lîstok

vitalu mwigo

bûke şûşe

hatua takwimu

kinca bebikan

suti ya kulalia

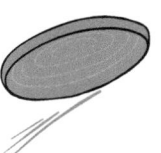

frizbee

kisahani

veguhestin

simu

lîstikên texte

ubao wa michezo

mor

kete

modêla trênê

garimoshi mwigo

memik

dummy

cejn

chama

kitêba wêne

picha kitabu

top

mpira

bûke şûşe

kikaragosi

leyîstin

kucheza

kuna xîzê

shimo la mchanga

colane

bembea

lîstokan

vitu bandia

lîstika vîdeoyî

kiweko cha video ya mchezo

sêçerxe

baiskeli ya magurudumu

hirça lîstok

mwanasesere

cildank

kabati

matatu

kinc

nguo

gore

soksi

gore

stokingi

derpêgorê

kibano

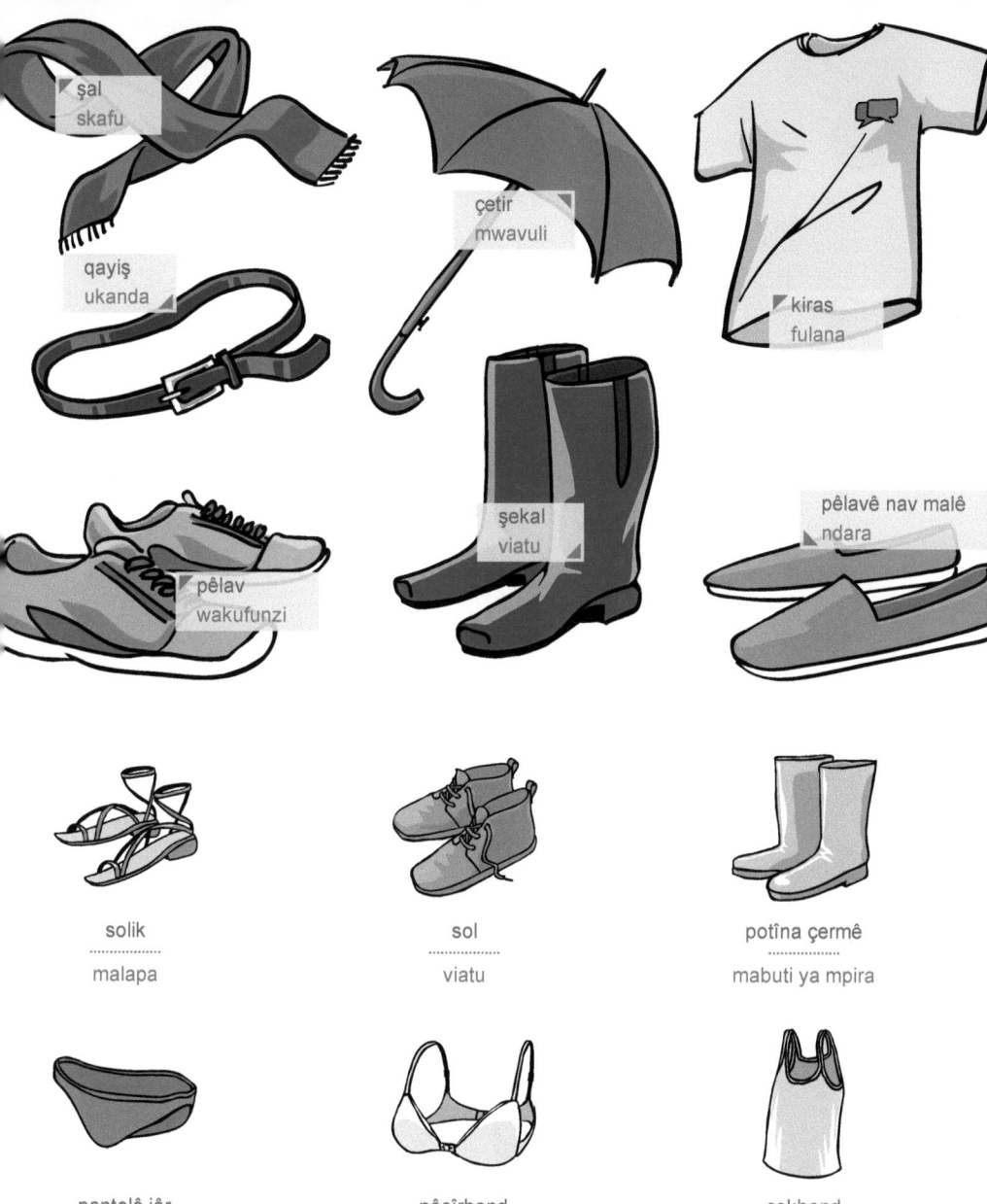

şal
skafu

çetir
mwavuli

kiras
fulana

qayiş
ukanda

şekal
viatu

pêlavê nav malê
ndara

pêlav
wakufunzi

solik

malapa

sol

viatu

potîna çermê

mabuti ya mpira

pantolê jêr

suruali ya ndani

pêsîrbend

sidiria

çekbend

fulana

cendek
mwili

pantol
suruali

jeans
dangirizi

daman
sketi

kiras
blauzi

kiras
shati

fanêle
vuta

fanêle
sweta

cakêt
bleza

sako
jaketi

çaket
koti

baranî
koti la mvua

lebas
maleba

fîstan
gauni

cilê dawetê
mavazi ya harusi

kostum

suti

pêcame

vazi la usiku

pêcame

pajama

saree

sari

leçik

skafu

mêzer

kilemba

hêram

burka

kaftan

kaftan

eba

abaya

kinca ajnêkirin

vazi la kuogelea

cilka melevanî

vazi la kiume la kuogelea

şort

kaptura

cila hêvojkarî

teitei

pêşmal

aproni

lepik

glavu

dûgme

kifungo

berçavik

glasi

bazin

bangili

gerdenî

mkufu

gustîl

pete

guhark

herini

devik

kofia

hilavistek

kiango cha koti

kûm

kofia

kirawat

tai

zîp

zipu

serparêz

kofia

derzî

kanda za suruali

kinca dibistanê

sare za shule

yûnîform

sare

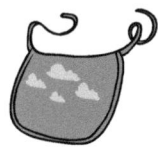

berdilk

bibu

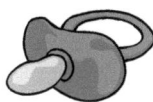

memik

dummy

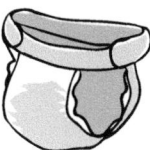

pundax

nepi

ofîs
ofisi

pêşkeşker
seva
dolabê belge
kabati la kuweka faili
kaxez
karatasi
çaper
kichapishaji
nîşander
kiwambo
mase
dawati
mişk
kipanya
defter
folda
klavye
kibodi
ta kaxezê
u cha kuweka karatasi chafu
kursî
kiti
komputer
kompyuta

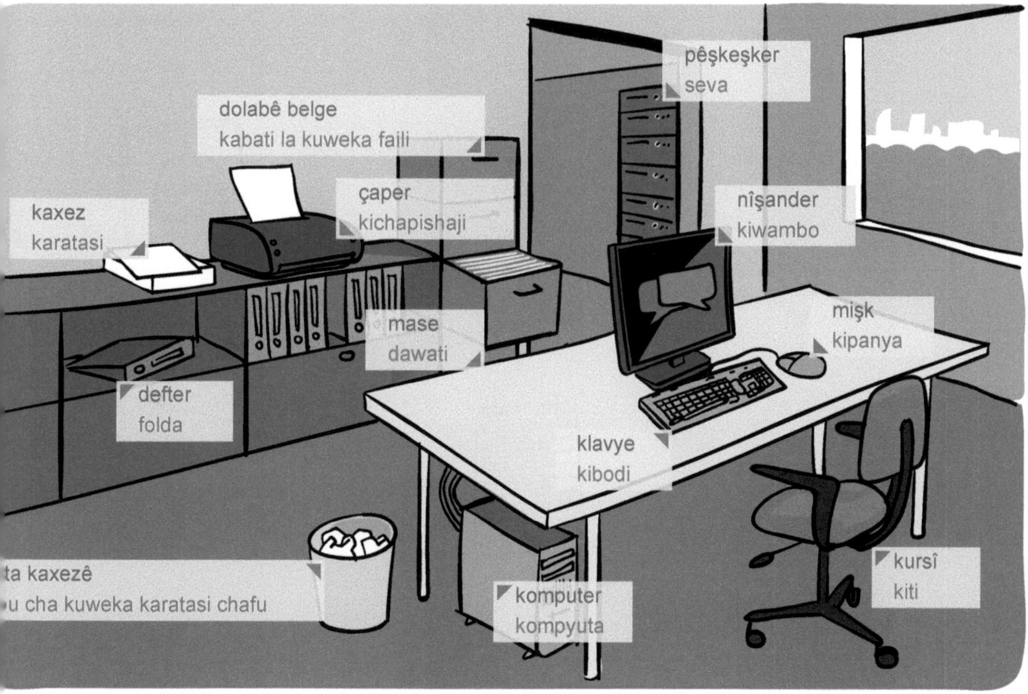

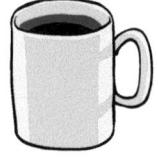

kasika qehwe

kmobe la kahawa

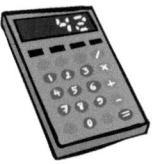

hesabker

kikokotoo

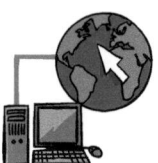

înternet

biashara

komputera laptop

mbali

name

barua

peyam

ujumbe

telefona mobîl

rununu

tor

intaneti

mekîna fotokopî

fotokopia

software

programu

telefon

simu

socketa fîşek

soketi

mekîna faxê

kipepesi

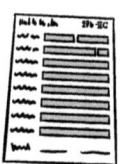

form

fomu

belge

hati

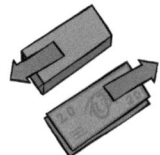

standin

kununua

pere dan

kulipa

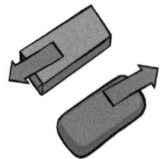

bazirganî

biashara

pere

fedha

dollar

dola

yoro

yuro

yenê Japonê

yeni

roblê Rûsî

rouble

firankê Swîsê

faranga ya Uswisi

yuanê Çînê

renminbi yuan

rûpee Hindî

rupia

mekîna jixwebera dirav

eneo la kulipia

ofîsa pere veguhartinê

ofisi ya ubadilishanaji

zêrr

dhahabu

zîv

fedha

neft

mafuta

wize

nishati

biha

bei

peyman

mkataba

tax

kodi

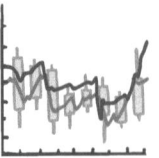

seham

bidhaa

karkirin

kazi

karker

mfanyakazi

karda

mwajiri

fabrîka

kiwanda

dikan

duka

profesyon
kazi

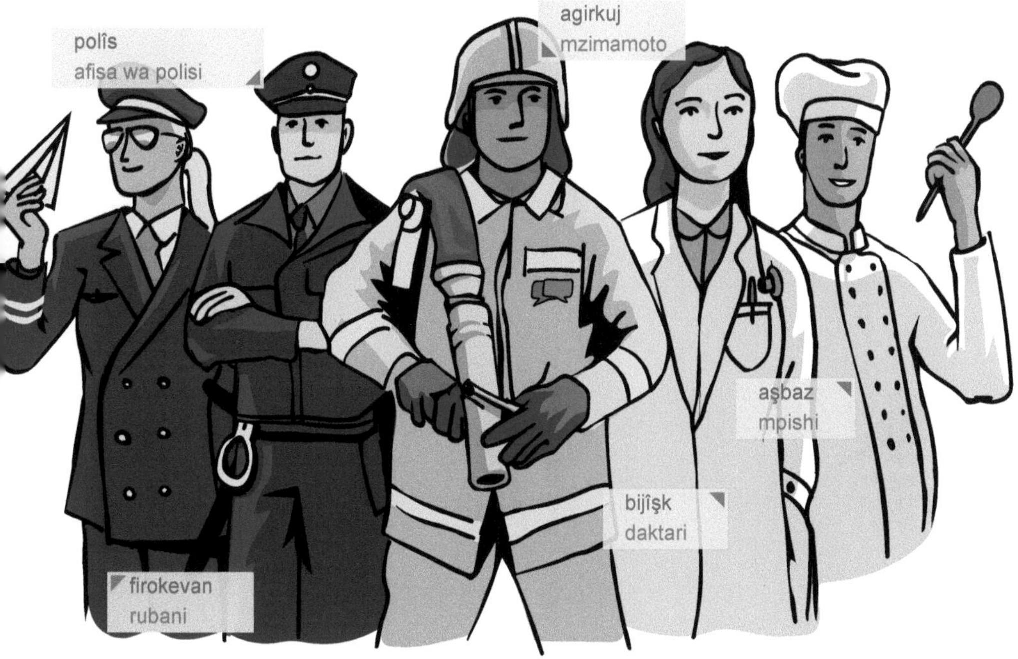
polîs
afisa wa polisi
agirkuj
mzimamoto
aşbaz
mpishi
bijîşk
daktari
firokevan
rubani

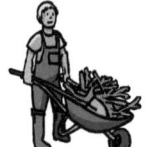

baxçevan

mtunza bustani

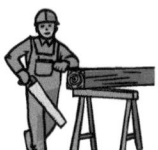

necar

seremala

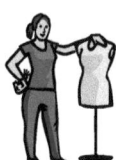

dirûnvan

mshonaji

hakim

hakimu

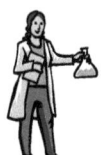

şîmyazan

mwanakemia

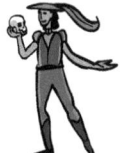

şanoger

muigizaji

şufêrê basê

dereva wa basi

şufêrekî taksiyê

dereva wa teksi

masîvan

mvuvi

pagijker

mwanamke wa kusafisha

çêkirê banî

mwezekaji

berkar

mhudumu

nêçirvan

mwindaji

rengrês

mchoraji

nanpêj

mwokaji

karebavan

umeme

avaker

mjenzi

endezyar

mhandisi

qesab

mchinjaji

lûlekar

fundi bomba

postevan

mwanaposta

esker

mwanajeshi

mîmar

msanifu majengo

diravgir

keshia

firotkara çîçekan

muuza maua

porçêker

msusi

ajovan

kondakta

mekanîk

mekanika

keştîvan

nahodha

pizîşka didanan

daktari wa meno

zanistyar

mwanasayansi

rûhan

rabbi

îmam

imamu

keşe

mtawa

keşîş

kasisi

amûran

zana

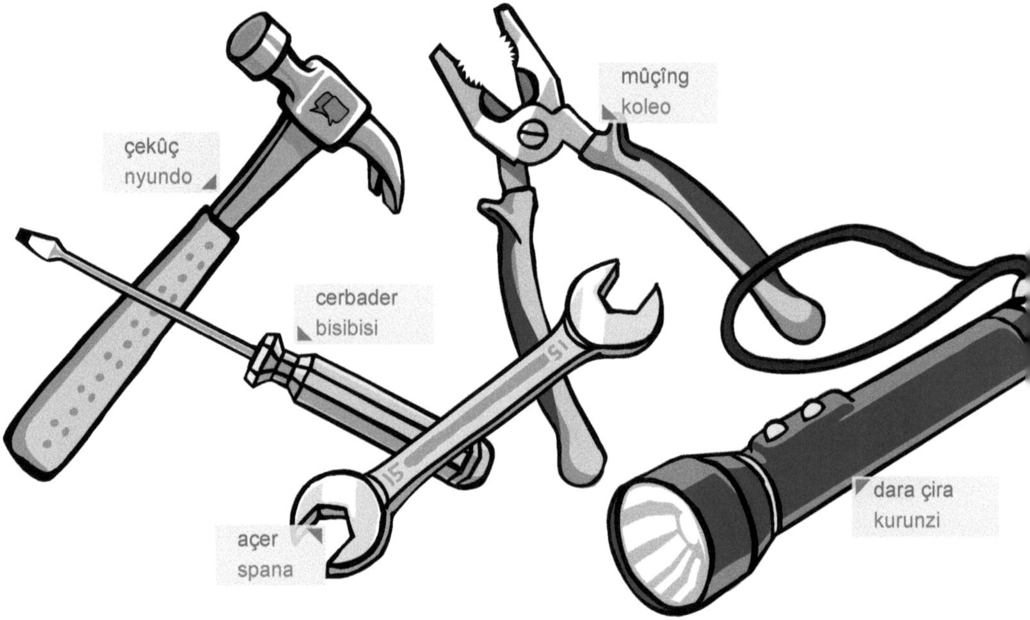
çekûç
nyundo
mûçîng
koleo
cerbader
bisibisi
açer
spana
dara çira
kurunzi

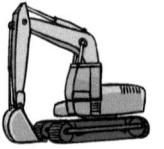

şofel

mchimbaji

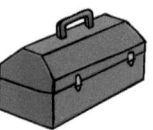

qûtiya amûran

sanduku la vifaa

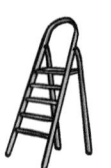

peyje

ngazi

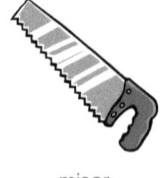

mişar

msumeno

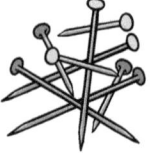

mîx

misumari

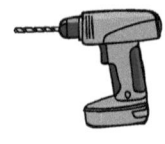

qulkirin

kuchimba visima

çêkirin

kukarabati

merbêr

sepetu

nalet!

Lo!

bêl

kishikio cha uchafu

qûtiya rengê

chungu cha rangi

cerr

skurubu

amûrên mûzîkê
ala za muziki

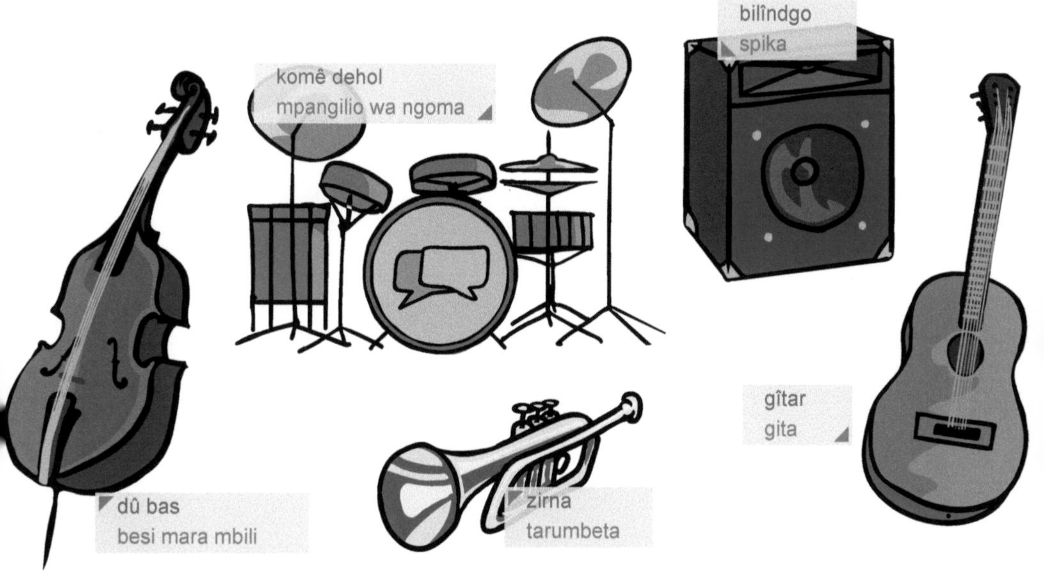

komê dehol
mpangilio wa ngoma

bilîndgo
spika

dû bas
besi mara mbili

zirna
tarumbeta

gîtar
gita

piyano

piano

viyolîn

fidla

bas

ubeji

dehol

timpani

dahol

ngoma

keyboard

kibodi

saksofon

saksafoni

bilûr

filimbi

mîkrofon

maikrofoni

amûrên mûzîkê - ala za muziki

baxça heywanan
bustani ya wanyama

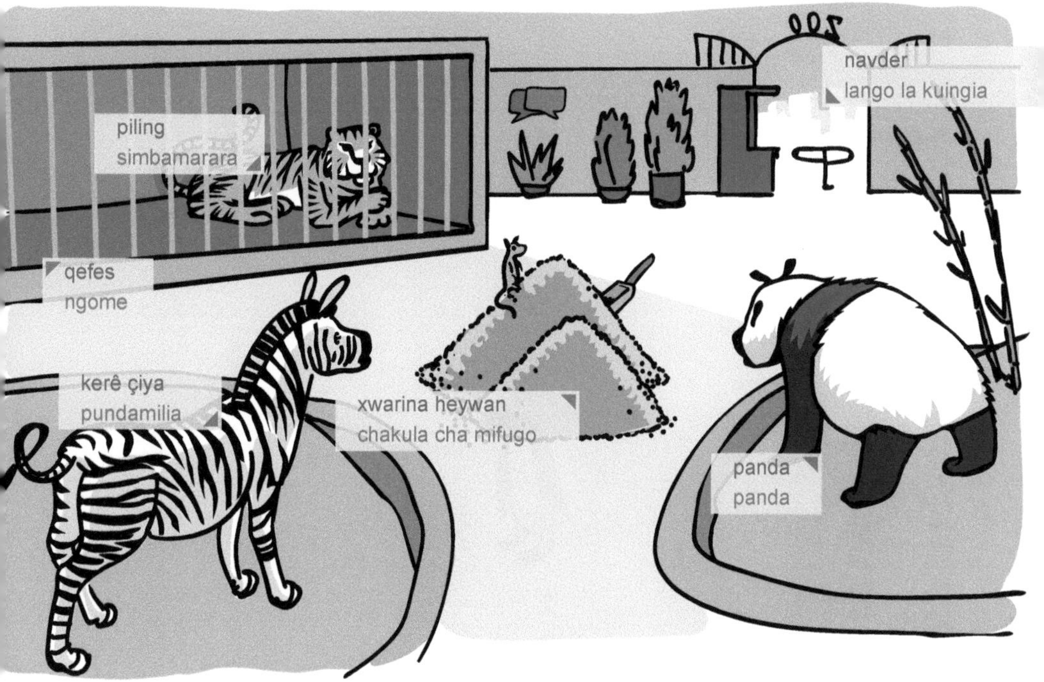

navder
lango la kuingia
piling
simbamarara
qefes
ngome
kerê çiya
pundamilia
xwarina heywan
chakula cha mifugo
panda
panda

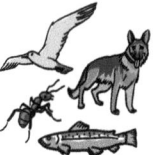

heywan
wanyama

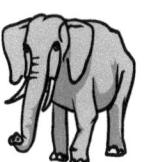

fîl
tembo

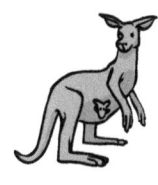

kangarû
kangaruu

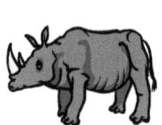

kerkeden
kifaru

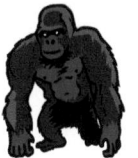

gorîl
sokwe

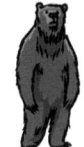

hirç
dubu

hêştir

ngamia

hêştirme

mbuni

şêr

simba

meymûn

tumbili

flamîngo

heroe

papaxan

kasuku

hirça cemserî

dubu

penguîn

penguini

semasî

papa

tawûs

tausi

mar

nyoka

timsah

mamba

parêzera baxça ajalan

mtunza wanyama

seya derya

muhuri

piling

jaguar

hesp

mwanafarasi

piling

chui

hespê rûbar

kiboko

canhêştir

twiga

helo

tai

berazê kovî

nguruwe mwitu

masî

samaki

kûsî

kobe

walras

sili

rovî

mbweha

xezal

paa

fûtbolê Amerîka
soka ya marekani

bisiklêtan
uendeshaji baiskeli

tenîs
tenisi

baskêtbol
mpira wa kikapu

avjenîkirin
kuogelea

boxing
ndondi

hokeya ser cemedê
magongo ya barafuni

fûtbol	badminton	yê atletîzmê
soka	vinyoya	riadha
hendbol	befirajotin	polo
mpira wa mikono	skii	polo

çalakiyan
shughuli

kenîn
cheka
hilpeke
kuruka
hembêz
kumbatia
birêveçûn
kutembea
lawje gutin
kuimba
xewn dîtin
ota ndoto
nimêj kirin
kuomba
maçkirin
busu

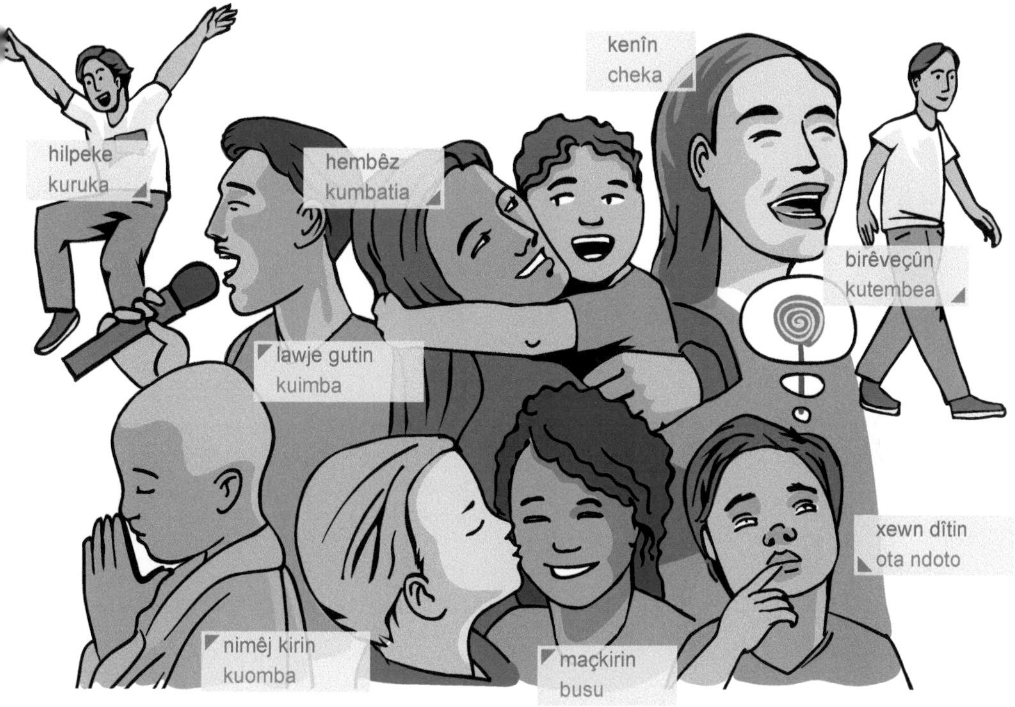

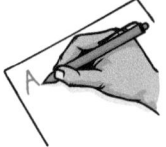

nivîsandin

kuandika

nîgar kêşan

kuteka

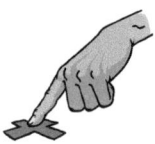

nîşan dan

angalia

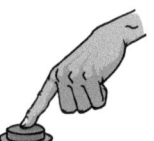

paldan

sukuma

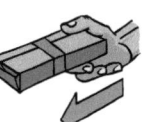

dayîn

kutoa

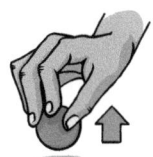

rakirin

kuchukua

heyîn

kuwa

kirin

fanya

bûn

kuwa

sekinîn

kusimama

bazdan

kukimbia

kişandin

vuta

avêtin

kutupa

ketin

kuanguka

derew kirin

hadaa

sekinîn

kusubiri

guhêztin

kubeba

rûniştin

kukaa

cil berkirin

vaa nguo

razan

usingizi

rabûn

kuamka

mêze kirin

kuangalia

girîn

lia

celte

kiharusi

şe kirin

chana nywele

peyvîn

ongea

famkirin

kuelewa

pirskirin

kuuliza

bihîstin

kusikiliza

vexwarin

kunywa

xwarin

kula

kom kirin

nadhifisha

hezkirin

upendo

xwarin çêkirin

mpishi

ajotin

gari

firrîn

kuruka

kesştîvanî

meli

hesibandin

kokotoa

xwandin

kusoma

hînbûn

kujifunza

karkirin

kazi

zewicîn

kuoa

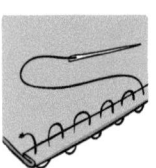

dirûtin

kushona

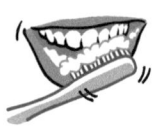

didan şûtin

piga mswaki

kuştin

kuua

dûxan

moshi

şandin

kutuma

dapîr
bibi

bapîr
babu

bav
baba

dê
mama

bebek
mtoto

keç
binti

kur
bin

mêvan

mgeni

met

shangazi

ap/xal

mjomba

bira

kaka

xwişl

dada

beden

mwili

enî
paji la uso
çav
jicho
rû
uso
zenî
kidevu
sîng
matiti
tilî
kidole
dest
mkono
pîl
mkono
mil
bega
ling
mguu

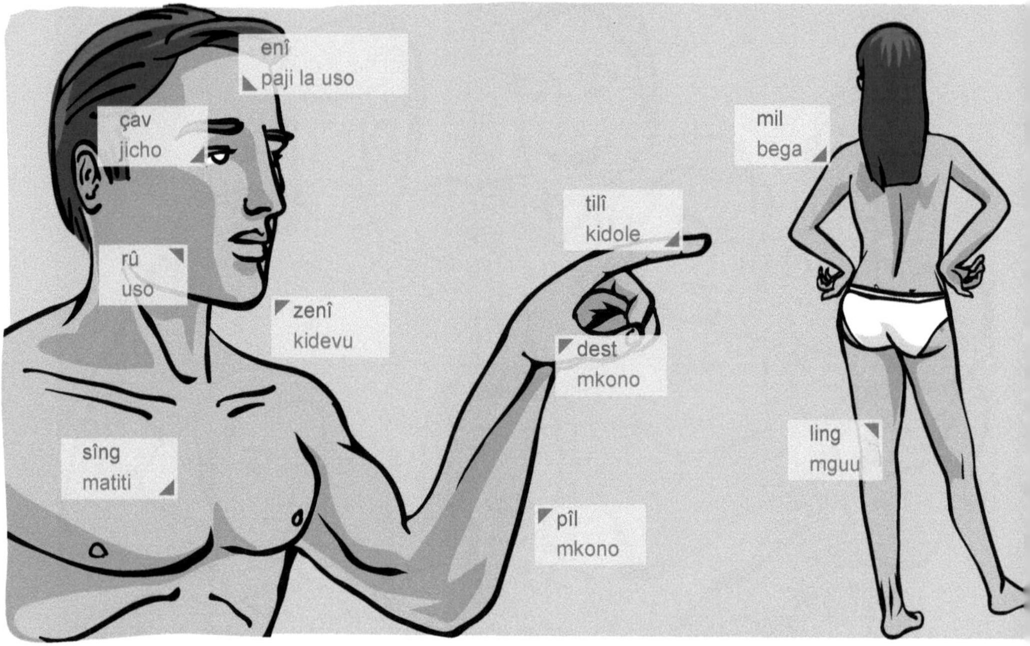

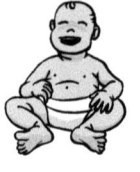

bebek

mtoto

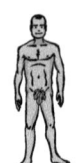

mêr

mwanamume

jin

mwanamke

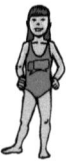

keç

msichana

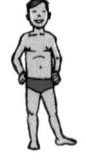

kor

mvulana

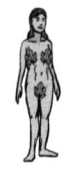

ser

kichwa

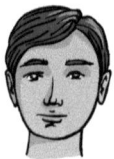

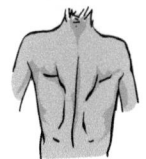

pişt
....
nyuma

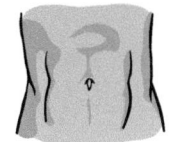

zik
....
tumbo

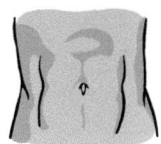

navik
....
kitovu

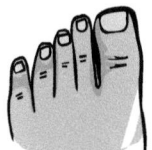

tilîya pê
....
chano

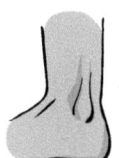

panî
....
kisigino

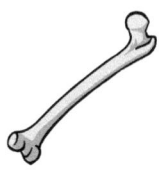

hestî
....
mfupa

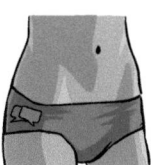

kûlîmek
....
nyonga

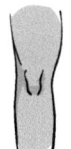

jûnî
....
goti

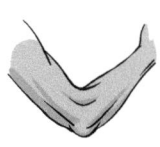

enîşk
....
kiwiko

difn
....
pua

qûn
....
chini

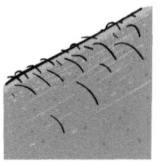

çerm
....
ngozi

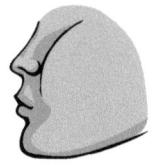

rû
....
shavu

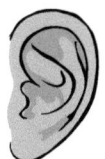

gûh
....
sikio

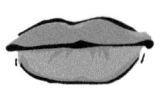

lêv
....
mdomo

dev

kinywa

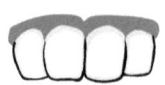

diran

jino

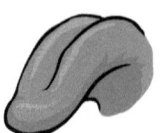

ziman

ulimi

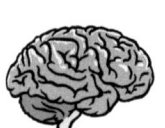

mêjî

ubongo

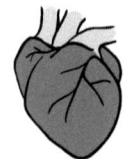

dil

moyo

masûl

misuli

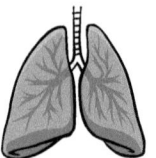

cîgera spî

pafu

ceger

ini

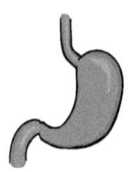

made

tumbo

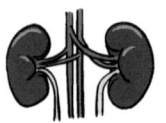

gûrçikan

figo

cotbûn

jinsia

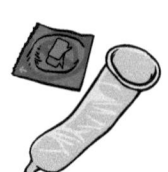

kondom

kondomu

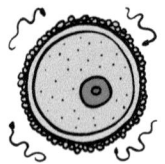

hêk

ovari

tov

shahawa

dûcanî

mimba

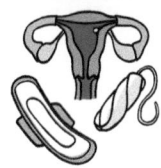

ade
hedhi

qûz
uke

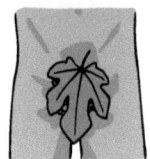

kîr
uume

birû
unyusi

por
nywele

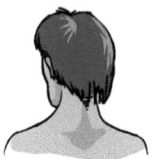

hûstû
shingo

nexweşxane
hospitali

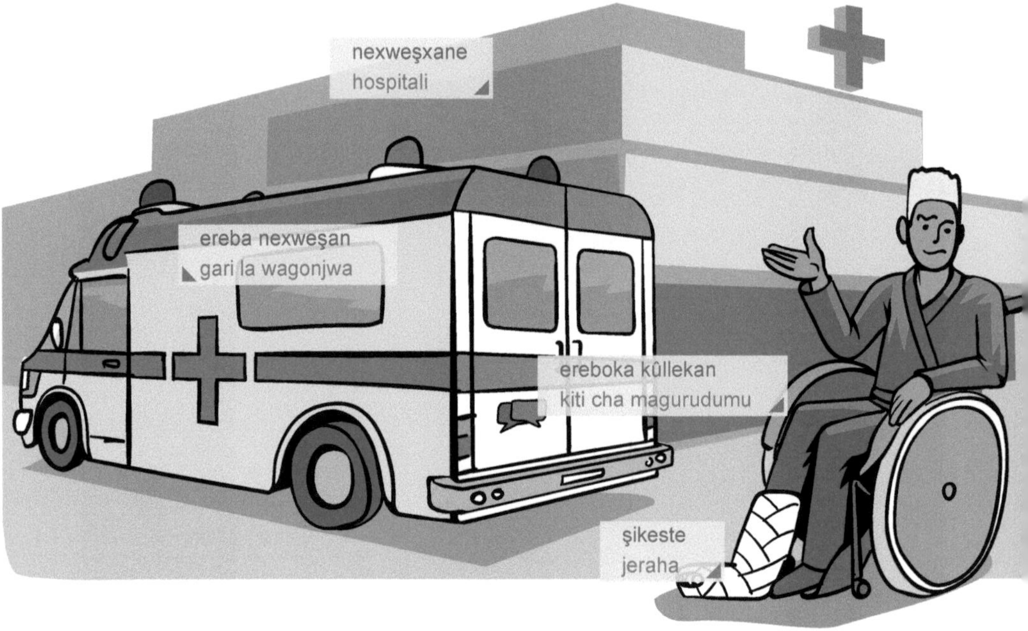

nexweşxane
hospitali
ereba nexweşan
gari la wagonjwa
ereboka kûllekan
kiti cha magurudumu
şikeste
jeraha

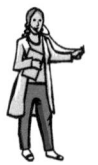

bijîşk
daktari

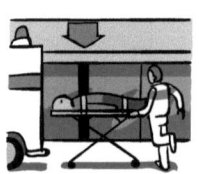

oda lezgînê
chumba cha dharura

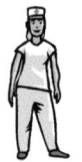

nexweşyar
muuguzi

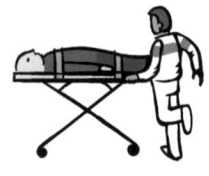

acîlîyet
dharura

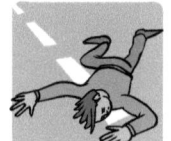

bêhay
kupoteza fahamu

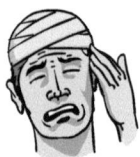

êş
maumivu

birîn
kuumia

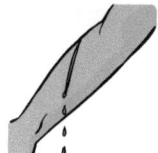

xwînpijan
kutokwa na damu

hêrişa dilî
mshtuko wa moyo

celte
kiharusi

alerjî
mzio

kuxik
kikohozi

ta
homa

zikam
mafua

navçûyin
kuharisha

serêş
maumivu ya kichwa

qansêr
kansa

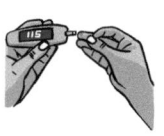

nexweşiya şekirê
ugonjwa wa kisukari

emelîkar
daktari mpasuaji

skalpêl
kisu kidogo cha kupasulia

emelî
operesheni

CT

picha changanufu ya mwili

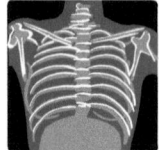

sûretê rontgên

Eksrei

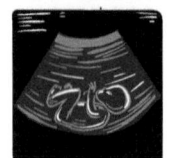

ûltrasawnd

mawimbi sauti

maskê rûyê

barakoa ya uso

nexweşî

ugonjwa

oda sekinînê

chumba cha kusubiri

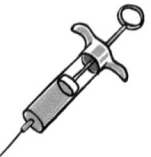

goçan

mkongojo

şêl

plasta

paçê birînpêçanê

bendeji

derzî

sindano

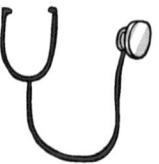

bîstoka pizîşkî

stetoskopu

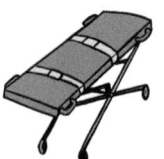

darbest

machela

têhnpîva klînîkê

kipimajoto cha kliniki

zayîn

kuzaliwa

qelew

unene kupita kiasi

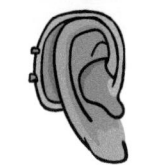

alîkariya bihîstinê

kusikia misaada

bakterîkuj

kipukusi

kotîbûn

maambukizi

vîrûs

virusi

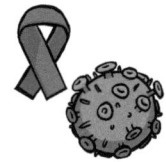

HIV / AIDS

VVU / UKIMWI

derman

dawa

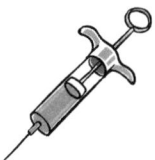

kutan

chanjo

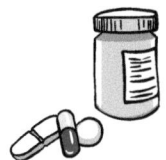

heban

vidonge

heb

kidonge

lezgîn

simu ya dharura

dîmenderê pesto xwîn

haemodainamometa

nexweş / sax

mgonjwa / mwenye afya

Hewar!

Msaada!

alarm

kengele

êrîş

pigo

êrîşkirin

shambulizi

talûk

hatari

derketina acil

lango la dharura

agir!

Moto!

agir vemirandinê

kizima moto

qeza

ajali

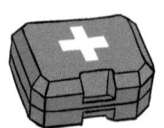

aletên alîkariya yekem

vifaa vya huduma ya kwanza

SOS

wito wa msaada

polîs

polisi

Ewropa

Ulaya

Amerîkaya Bakûr

Amerika ya Kaskazini

Amerîkaya Başûr

Amerika ya Kusini

Afrîka

Afrika

Asya

Asia

Awustralya

Australia

Atlantîk

Atlantiki

Okyanûsa Mezin

Pasifiki

Okyanûsa Hindî

Bahari ya Hindi

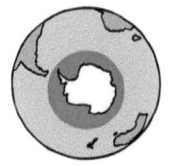

Okyanûsa Antarktîka

Bahari ya Antaktiki

Okyanûsa Arktîk

Bahari ya Aktiki

Cemsera Bakûr

Ncha ya Kaskazini

Cemsera Başûr

Ncha ya Kusini

Antarktîka

Antaktika

erd

dunia

ax

nchi

behir

bahari

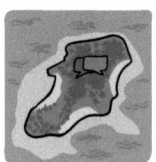

dûrge

kisiwa

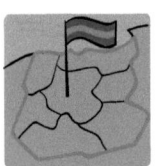

milllet

taifa

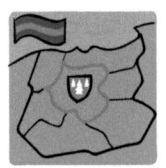

welat

jimbo

rûyê saet

uso wa saa

nişanderka demjimêr

akrabu ya saa

nişanderka deqe

akrabu ya dakika

nişanderka saniye

akrabu ya sekunde

Seet çende?

Ni saa ngapi?

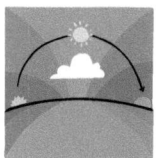

roj

siku

dem

wakati

niha

sasa

saetê dicîtal

saa ya dijitali

deqe

dakika

seet

saa

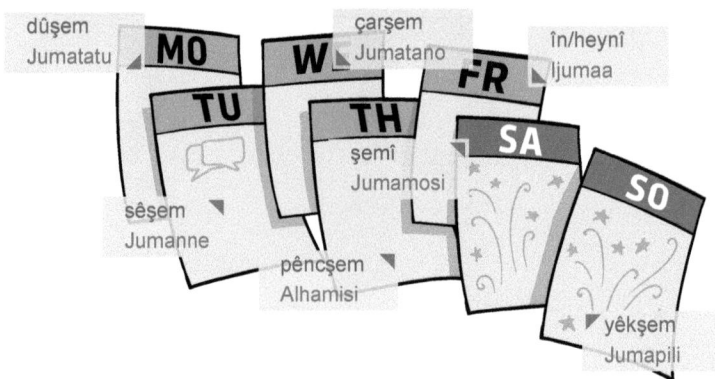

dûşem
Jumatatu

çarşem
Jumatano

în/heynî
Ijumaa

şemî
Jumamosi

sêşem
Jumanne

pêncşem
Alhamisi

yêkşem
Jumapili

duh

jana

îro

leo

sibey

kesho

sibe

asubuhi

nîvro

saa sita mchana

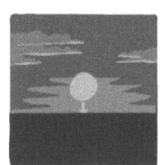

êvar

jioni

rojên karê

siku za biashara

dawiya hefte

mwishoni mwa wiki

sal

mwaka

baran
mvua
keskesor
upinde wa mvua
befir
theluji
ba
upepo
bihar
majira ya machipuko
payîz
vuli
havîn
kiangazi
zivistan
majira ya baridi

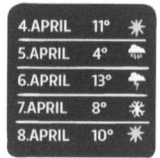

4.APRIL 11°
5.APRIL 4°
6.APRIL 13°
7.APRIL 8°
8.APRIL 10°

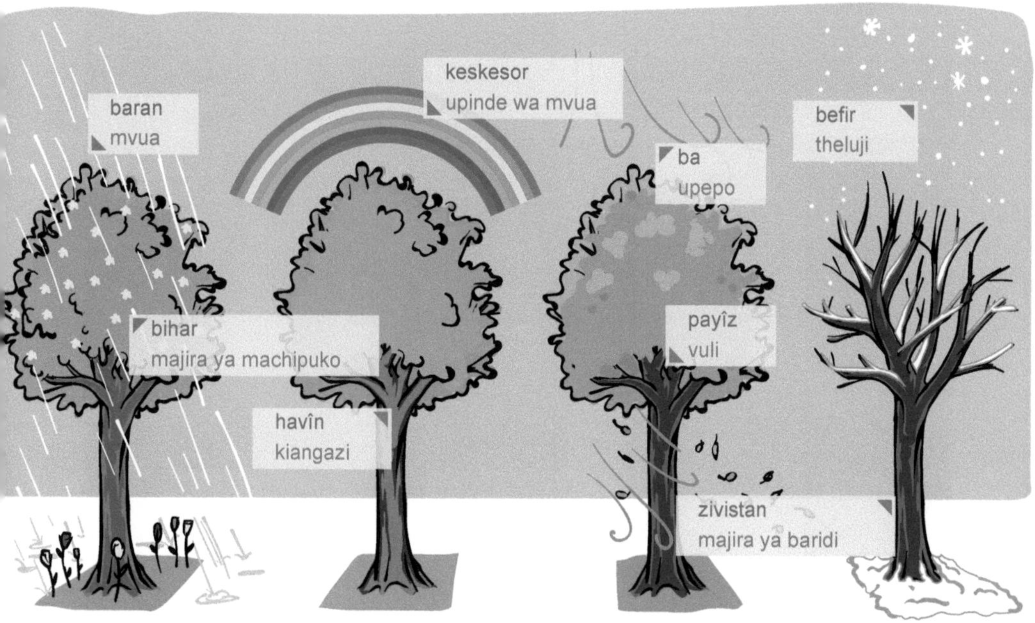

pêşbîniya hewa

utabiri wa hali ya hewa

F C
120 40
90 30
60 20
30 10
0 0
-30 -10
-20

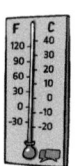

tehnpîv

kipimajoto

tav

mwanga wa jua

hewr

wingu

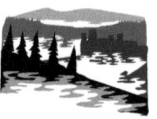

mij

ukungu

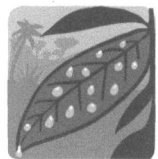

hêmî

unyevu

birq

umeme

brûsk

radi

tofan

dhoruba

terg

mvua ya mawe

mansûn

monsuni

lehî

mafuriko

cemed

barafu

rêbendan

Januari

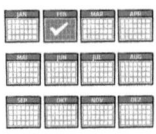

reşeme

Februari

newroz

Machi

gulan

Aprili

cozerdan

Mei

pûşper

Juni

gelawêj

Julai

xermanan

Agosti

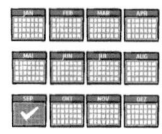

rezber
....
Septemba

kewçêr
....
Oktoba

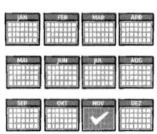

sermawez
....
Novemba

befranbar
....
Desemba

çember
....
mduara

çarçik
....
mraba

çarqozî
....
mstatili

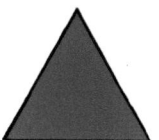

sêqozî
....
pembetatu

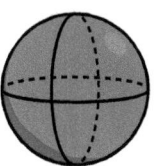

qada
....
nyanja

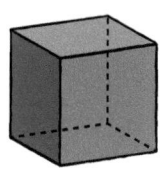

xiştek
....
mchemraba

sipî

nyeupe

zer

manjano

pirteqalî

chungwa

pembe

rangi ya waridi

sor

nyekundu

mor

hudhurungi

şîn

bluu

kesik

kijani

qehweyî

hanja

gewr

jivujivu

reş

nyeusi

zor / kêm

mengi / kidogo

bi hêrs / bêdeng

hasira / pole

bedew / nerind

nzuri / mbaya

destpêk / dawî

mwanzo / mwisho

mezin / biçûk

kubwa / ndogo

ronî / tarî

angavu / giza

brak / xwişk

kaka / dada

pagij / girêj

safi / chafu

tevî / netemam

kamilika / tokamilika

roj / şev

siku / usiku

mirî / zindî

wafu / hai

fire / teng

pana / nyembamba

xweş / nexweş

kulika / kutolika

nebaş / baş

ovu / ema

bi heyecan / aciz

sisimkwa / udhika

qelew / zirav

nene / nyembamba

yekemîn / dawîn

kwanza / mwisho

heval / dijmin

rafiki / adui

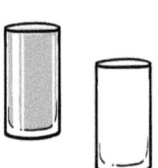

tijî / vala

jaa / tupu

req / nerm

ngumu / laini

giran / sivik

nzito / nyepesi

birçî / tînî

njaa / kiu

nexweş / sax

mgonjwa / mwenye afya

neqanûnî / qanûnî

haramu / kisheria

rewşenbîr / balûle

akili / kijinga

çep / rast

kushoto / kulia

nêzî / dûr

karibu / mbali

nû / bikarhatî

mpya / kutumika

hîç / tiştek

kitu / jambo

kal / ciwan

zee / changa

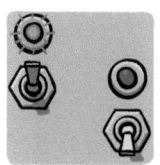

li / ji

waka / zima

vekirî / girtî

wazi / fungwa

aram / dengbilind

utulivu / kelele

dewlemend / reben

tajiri / masikini

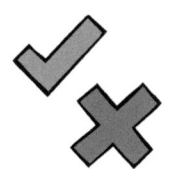

rast / şaş

sahihi / kosa

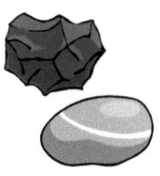

dirr / hilû

mbaya / laini

xemgîn / şa

huzunika / furahia

kurt / dirêj

fupi /ndefu

hêdî / zû

polepole / haraka

şil / ziwa

nyevu / kavu

germ / hênik

joto / baridi

şerr / aşitî

vita / amani

0

sifir

sufuri

1

yek

moja

2

dû

mbili

3

sê

tatu

4

çar

nne

5

pênc

tano

6

şeş

sita

7

heft

saba

8

heşt

nane

9

neh

tisa

10

deh

kumi

11

yazde

kumi na moja

12

dazde

kumi na mbili

13

sêzde

kumi na tatu

14

çarde

kumi na nne

15

pazde

kumi na tano

16

şazde

kumi na sita

17

hefde

kumi na saba

18

hejde

kumi na nane

19

nozdeh

kumi na tisa

20

bîst

ishirini

100

sed

mia

1.000

hezar

elfu

1.000.000

milyon

milioni

Inglîzî

Kiingereza

Inglîziya Amerîkî

Kiingereza cha Marekani

Çînî Mandarîn

Kimandarini cha Uchina

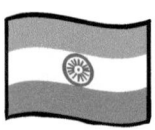

Hindî

Kihindi

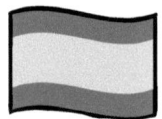

Îspanyolî

Kihispania

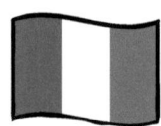

Frensî

Kifaransa

Erebî

Kiarabu

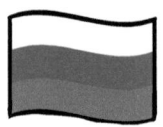

Rûsî

Kirusi

Portugalî

Kireno

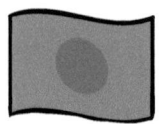

Bengalî

Kibengali

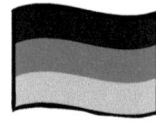

Elmanî

Kijerumani

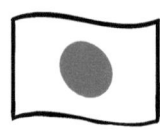

Japonî

Kijapani

min
mimi

tu
wewe

ew / ev / ew
yeye / yeye / ni

em
sisi

tu
wewe

ew
wao

kî?
nani?

çi?
nini?

çawa?
jinsi gani?

kû?
wapi?

kengî?
lini?

nav
jina

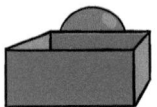

piştî
....
nyuma

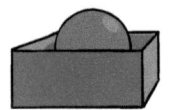

li
....
katika

pêşî
....
mbele ya

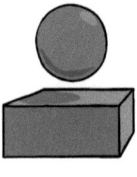

ser
....
juu ya

ser
....
kwenye

bin
....
chini ya

kêlek
....
kando

navber
....
kati

cih
....
mahali